RÉFLEXIONS

SUR

LA CRISE ACTUELLE

ADRESSÉES

AU COMMERCE DE PARIS,

PAR

J. DELAMATHE

Auteur des Considérations sur la prochaine Assemblée constituante.

Res, non verba
To be or not to be.

PARIS

IMPRIMERIE CENTRALE DES CHEMINS DE FER, DE NAPOLÉON CHAIX ET Cie.

Rue Bergère, 8, près le boulevart Montmartre.

12 Mars 1848

RÉFLEXIONS

SUR

LA CRISE ACTUELLE

ADRESSÉES

AU COMMERCE DE PARIS,

PAR

J. DELAMATHE,

Auteur des Considérations sur la prochaine Assemblée constituante.

Res, non verba
To be or not to be.

Dans les circonstances graves où se trouve le pays, les événements, les actes du pouvoir se succèdent avec tant de rapidité que nul ne sait comment il doit agir pour soumettre à temps son opinion sur les diverses phases de la crise actuelle.

C'est ainsi que, dès les premiers jours, le Gouvernement provisoire avait tranché la question financière ou commerciale en promettant d'aider le commerce. Comment le ferait-il? Là était la question. Mais, en présence d'une promesse aussi formelle, comment traiter une question aussi délicate que celle du crédit? Si l'on devait se trouver avoir les mêmes opinions que le Gouvernement provisoire, mieux valait se taire, afin de lui laisser tout le mérite de la mesure. Si l'on ne devait pas partager ses opinions, mieux valait encore se taire pour le moment, afin de ne pas affaiblir d'avance les avantages de la mesure qui serait prise, sauf plus tard, s'il y avait lieu, à donner son avis pour compléter cette même mesure en ce qu'elle aurait d'insuffisant.

Aujourd'hui, et en ce qui concerne Paris, tous nos scrupules sont levés par l'arrêté qui fonde un comptoir national d'escompte, au capital de 20 millions, dont un tiers à fournir par le commerce, et les deux autres tiers à garantir, moitié par la ville de Paris, moitié par l'État;

Les bénéfices aux seuls actionnaires commerçants;

Les pertes à la charge de tous.

Cette mesure est bonne en ce qu'elle montre la confiance du Gouvernement provisoire dans le commerce, en ce qu'elle prouve tout son désir de lui venir en aide.

Mais cette mesure en elle-même est insuffisante, parce qu'elle se place à côté du commerce, tandis qu'il aurait fallu au contraire vivifier les éléments de crédit déjà existants.

C'est la question que nous allons traiter dans les pages suivantes.

La grande faute que commettent en général les hommes politiques, c'est de vouloir toujours employer des moyens analogues dans des circonstances analogues, sans penser à tenir compte des éléments qui ont pu modifier dans l'intervalle la position de l'ordre social, politique ou commercial.

De ce qu'en 1830 l'établissement d'un comptoir d'escompte a rendu quelques services, on en conclut qu'on doit recourir en 1848, au même moyen, comme si les rapports du commerce et des capitalistes étaient restés les mêmes.

En 1830, les rapports du commerce en banque avaient lieu avec tous banquiers particuliers, même pour ceux qui avaient des comptes ouverts à la Banque de France. On n'avait pas alors les caisses ou comptoirs d'escompte qu'on possède aujourd'hui.

Dans cette position, voici ce qui arriva en 1830. La Banque de France, qui, comme on sait, n'est pas *préteuse,* éplucha davantage le papier présenté à l'escompte; de leur côté, les banquiers, qui pouvaient être ruinés du coup s'ils se trouvaient compromis dans une crise plus ou moins prolongée, supprimèrent les crédits et furent plus difficiles que jamais dans les négociations. Les sources où le commerce puise l'élément de ses rapports et de son travail se trouvèrent ainsi fermées de tous les côtés.

Dans cette position, que devait faire le gouvernement? Il y avait quatre partis à prendre.

Aider tous les commerçants. — C'eût été un dédale à n'en jamais sortir. On crut pallier les choses en faisant des choix, soi-
disant les plus solides ; et, comme cela arrive toutes les fois que
l'État quitte son rôle politique, ces secours étant donnés à la faveur, on perdit beaucoup d'argent, on ne fit rien de bon. Aussi
cette fois on ne parle pas de cette espèce de secours.

Aider les banquiers. — Ce parti était plus convenable ; mais
outre la nécessité de faire des choix comme pour les commerçants, rien ne garantissait que ce secours serait appliqué à satis-
faire, dans une plus forte proportion, aux besoins de leur clientèle. Ensuite, cela fût-il, la nature de leurs opérations toutes
particulières ne permettait guère le contrôle et la vérification.

Le troisième parti était d'aider la Banque de France elle-
même ; ou plus exactement c'était de dire à la Banque : « De-
» puis trente ans, vous jouissez d'un monopole qui vous pro-
» cure de jolis bénéfices Ces avantages vous imposent des de-
» voirs, au moins moralement. Jusqu'ici on ne vous a demandé
» aucun sacrifice. Ayant profité de la prospérité du commerce,
» comme vous l'avez fait, ne pourriez-vous pas l'aider un peu
» dans la crise actuelle ? Voyons. Augmentez vos escomptes de
» moitié, par exemple ; s'ils étaient de 150 millions, portez-les
» à 225, à 250, 300 millions, s'il le faut. Rassurez le commerce
» par un puissant effort. C'est une crise à passer ; l'essentiel
» c'est de gagner du temps pour que chacun puisse reprendre
» confiance et aviser aux moyens de rentrer dans l'état nor-
» mal. Faites ce sacrifice, dont vous aurez, du reste, bientôt la
» récompense dans la reprise des affaires, dans l'augmentation
» régulière de vos négociations ; au besoin nous vous aide-
» rons. »

Nous ignorons si ce langage a été tenu à la Banque de France.

Mais s'il a été tenu, à en juger par le parti adopté alors, voici
quelle a dû être la réponse de la Banque : « C'est avec plaisir
» que nous avons encaissé les bénéfices du monopole que le
» grand homme nous a accordé sans condition aucune, dans
» la soif qu'il avait d'établir une aristocratie ; c'est avec plaisir
» que nous avons pris notre part, et nous en convenons, une
» part fort belle, dans la prospérité du commerce ; c'est même

» avec plaisir que nous ferons encore d'énormes bénéfices sur
» le commerce, quand la crise sera passée ; mais pour rien ris-
» quer pendant cette crise, sachez que nous n'en ferons rien.
» Notre métier, c'est de gagner de l'argent et non d'en perdre.
» Que le commerce s'arrange, ça le regarde. Si vous voulez
» l'aider de votre argent, rien de mieux ; nous ne nous y oppo-
» sons pas. Au contraire, faites vous-même quelque chose pour
» le commerce. C'est l'intérêt, c'est le devoir d'un bon gouver-
» nement de protéger le commerce. Mais comment n'avez-vous
» pas songé à ce moyen-ci? il est pourtant bien simple. Dans ce
» moment, ce qui nous empêche de négocier, c'est la crainte
» que les banquiers, les commerçants ne nous offrent pas assez
» de garanties. Leur papier n'est pas mauvais, mais aujourd'hui
» il offre des chances ; et la seule idée de courir une chance
» autre que celle d'un profit nous donne la chair de poule. Eh
» bien ! rassurez-nous ; créez un comptoir d'escompte qui ser-
» vira d'intermédiaire entre nous et le petit commerce ; nous lui
» prendrons avec le plus grand plaisir son papier ainsi garanti
» par vous. A cette condition, en courant cette chance, nous
» serons trop heureux de venir à l'aide de ce pauvre commerce
» qui est dans une position si intéressante, et auquel nous de-
» vons bien cette nouvelle preuve de notre amour, de notre sol-
» licitude. »

Ainsi dit, nous nous trompons peut-être, ainsi pensé, fut
fait. Et ce quatrième parti fut adopté.

Un comptoir d'escompte fit en 1830 ce que la Banque de
France devait faire. En d'autres termes, ce que la Banque devait
faire, elle le fit faire indirectement par un comptoir d'escompte
qui endossa la responsabilité, et l'État en fut pour son argent,
ce comptoir d'escompte ayant même perdu au-delà du capital
alloué ; mais la Banque en fut pour une augmentation de bénéfices. Il y a des gens qui trouvent toujours moyen de sortir
à leur honneur des plus mauvaises positions.

Toutefois, on aurait dû croire que depuis 1830 l'esprit public
avait fait quelques progrès dans la connaissance de l'économie
politique, et que dans le cas d'une crise nouvelle, l'État aurait
sur la Banque assez d'influence pour la décider à courir quel-

ques mauvaises chances, en compensation des bénéfices énormes que son monopole lui a toujours procurés, surtout ces dernières années, bénéfices tels que nous ne sachions pas que jamais institution de crédit en ait réalisé et distribué de pareils ; au pis aller, on pouvait croire que l'État aurait assez d'influence sur la Banque pour s'arranger directement avec elle au sujet des secours à donner au commerce, sans avoir besoin de recourir à l'intermédiaire d'un comptoir d'escompte, intermédiaire déjà mauvais en 1830, mais en 1848 d'autant plus mauvais qu'il vient sans nécessité faire concurrence à d'autres institutions du même genre.

Quand nous disons que l'intermédiaire d'un comptoir d'escompte a été mauvais en 1830, cela mérite explication. Nous convenons que l'établissement d'un comptoir d'escompte, en présence de l'impuissance des banquiers et du mauvais vouloir, du caractère craintif de la Banque de France, valait mieux que rien ; mais du moment que c'était la Banque de France qui, en prenant le papier du comptoir d'escompte, devait lui fournir les fonds pour faire de nouvelles négociations, nous disons qu'il eût beaucoup mieux valu que l'on s'arrangeât pour se passer de cet intermédiaire à la fois dangereux et incapable.

En effet, le comptoir d'escompte, entraîné par la position du moment, géré par des hommes plus ou moins en dehors de tout contact avec le petit commerce, n'a pu mettre dans ses avances toute la prudence, toute la circonspection qu'exige une mesure aussi délicate que celle de secourir le commerce. Outre que son objet même détruisait déjà une partie des avantages qu'on en attendait, en excluant une grande partie du moyen commerce qui craignait de se compromettre en demandant cet appui, il y avait de très-grands inconvénients à secourir indifféremment un peu tout le monde.

Aider à tort, par exemple, un fabricant qui est dans de mauvaises affaires, ce n'est pas secourir le commerce ; c'est, au contraire, lui faire beaucoup de mal en donnant à ce fabricant les moyens de travailler plus longtemps, d'augmenter sa fabrication ; car, comme il travaille mal et vend mal, sa concurrence, en dépréciant la marchandise, fait ainsi plus de tort aux autres qu'on n'a pu leur faire de bien en leur prenant quelque papier. Aussi croyons-nous que le seul avantage du comptoir d'escompte en 1830 a été de relever les esprits, et par suite d'allonger un peu la courroie, si dans un sujet de ce genre cette expression nous est permise. Sans doute, c'était toujours autant de gagné; mais, bien certainement, on pouvait obtenir mieux, et beaucoup mieux. Il aurait pour cela fallu se passer du comptoir d'escompte, et, à des conditions quelconques, obtenir de la Banque de France, sans intermédiaire, les services qu'elle n'a voulu rendre qu'avec cet intermédiaire. Alors, tout le moyen commerce, généralement plus solide, et en même temps celui qui fait vivre le petit commerce, aurait pu s'adresser à la Banque de France, premier point; second point, cette concurrence de la Banque aurait obligé les banquiers à desserrer leur bourse, à être plus accommodants avec le moyen commerce. Ainsi, en 1830, l'établissement d'un comptoir d'escompte, d'une utilité fort contestable pour le petit commerce, n'a servi qu'à écarter le moyen commerce, le livrant sans défense et sans concurrence aux conditions usuraires des banquiers.

Nous pensons que telle sera encore la conséquence de la mesure prise par le Gouvernement provisoire. Nous dirons plus : dans l'état où sont les choses, un nouveau comptoir d'escompte va faire beaucoup plus de mal qu'en 1830, car il fera cette fois concurrence avec des institutions du même genre, qui alors n'existaient pas.

Il nous est impossible de comprendre comment le Gouvernement provisoire n'a pas tenu compte de ces nouveaux faits.

Dans le commerce, comme dans l'ordre politique, il y a une filiation nécessaire du petit au grand, qu'on ne peut éviter ni briser sans inconvénient, sans danger.

Dans l'ordre naturel des choses, le papier du petit et du moyen commerce ne va pas directement à la Banque de France; il s'éparpille à droite, à gauche, gagne en chemin de nouvelles signatures, et ainsi amélioré il se présente au gros commerce, aux banquiers ou aux banques particulières; et après toutes ces allées et venues, une partie va attendre son échéance dans le portefeuille de la Banque de France.

S'interposer dans cette marche naturelle des choses, c'est d'abord ôter de dessus le petit commerce le contrôle qu'apporte nécessairement plus ou moins de difficulté dans le placement du papier ; c'est ensuite enlever au commerce plus élevé, aux banquiers, aux banques elles-mêmes, une partie de ce papier, qui pour eux, dans bien des cas, fait plus ou moins l'office d'argent, et à ce titre économise plus ou moins l'intérêt des capitaux. De ce côté, la suppression ou retrait du papier du moyen et petit commerce fera beaucoup de mal.

Mais là ne se bornera pas le mal. Aujourd'hui nous avons plusieurs comptoirs d'escompte qui n'existaient pas en 1830. De même que la Banque de France, ces comptoirs emploient à leurs négociations l'argent laissé ou mis en dépôt par le public. Comme de raison, la crise actuelle va peser sur ces comptoirs comme sur tout le monde ; le public est donc naturellement disposé à les suspecter. Si, dans cette disposition du public, vous venez maintenant établir une véritable concurrence à ces comptoirs, qui précisément font déjà ce que vous voulez faire, qui ne demandent pas mieux que de continuer, ne craignez-vous pas que le public, alarmé de cette concurrence, ne conçoive des craintes plus réelles contre ces établissements, qu'il ne retire ses fonds en partie ou en totalité? De plus, en offrant à la Banque de France la garantie bien liquide d'un comptoir d'escompte créé par vous, Gouvernement, ne voyez-vous pas que les capitaux dont elle peut disposer, changeant leur cours ordinaire, iront tomber immédiatement dans les mains du petit commerce, tandis qu'autrement ces mêmes capitaux, remis dans les comptoirs déjà établis, auraient passé de proche en proche, de main en main, du gros commerce au moyen, du moyen au petit, vivifiant ainsi toutes les parties du corps commercial ?

Ainsi, avec le comptoir d'escompte, tel qu'on l'établit, on aide bien le petit commerce, mais on s'expose à l'aider mal, tandis qu'il aurait été naturellement aidé, comme il doit l'être, par le moyen ou gros commerce, si ceux-ci étaient soutenus. On ne soutient pas le moyen et le gros commerce qui ne voudront pas aller au nouveau comptoir d'escompte, et l'on inquiète, l'on menace, l'on paralyse les comptoirs existants qui auraient pu sou-

tenir le moyen et le gros commerce, en faisant porter ailleurs les capitaux de la Banque de France sur lesquels ils devaient compter. On les prive à la fois d'argent et de crédit.

On fait plus ; on établit contre eux une concurrence redoutable, à laquelle il leur serait impossible de résister si le nouveau comptoir était fortement organisé. En effet, comment résister à des rivaux auxquels on laisse tous les bénéfices *exclusivement*, article 3, et auxquels on offre, quant aux pertes, la garantie de l'État et de la ville jusqu'à due concurrence des deux tiers, article 4. Heureusement pour les anciennes caisses, le nouveau comptoir n'a que des ressources fort bornées.

Au lieu du comptoir d'escompte tel qu'on l'a établi, et puisque la Banque de France a toujours besoin, dans les moments de crise, de la garantie d'intermédiaires, il nous semble qu'il aurait beaucoup mieux valu, s'emparant des éléments créés depuis 1830, offrir aux comptoirs existans aujourd'hui l'appui du Gouvernement.

Voici, par exemple, la caisse Gouin arrêtée par le refus d'un secours, dit-on, de 15 millions. Cette suspension rejaillit nécessairement sur toute sa nombreuse clientèle, plus nombreuse bien certainement que ne le sera de longtemps celle du nouveau comptoir. Eh bien! avec la simple garantie que, d'après la décision du Gouvernement provisoire, l'État et la ville de Paris vont donner au nouveau comptoir, on conservait la caisse Gouin sur pied ; les capitaux lui revenaient ; sa nombreuse clientèle restait debout ; tout le petit commerce traitant avec cette nombreuse clientèle en recevait l'heureux contre-coup. Pense-t-on que le nouveau comptoir, si utile qu'on le suppose, réparera jamais le mal qu'on aurait pu facilement éviter avec un aide mieux entendu et fait à propos ?

Nous ne connaissons pas la position des autres comptoirs d'escompte, mais il est fort vraisemblable qu'ils doivent être tous plus ou moins affectés par la crise actuelle et par le contre-coup de la suspension de la caisse Gouin. Il est à craindre qu'ils ne soient entraînés à restreindre leurs opérations avec leur clientèle, tandis qu'il aurait fallu au contraire, dans l'intérêt du commerce, qu'ils fussent disposés à prendre la clientèle de la caisse Gouin, si cette caisse ne pouvait se relever, et même une partie de la clientèle des banquiers particuliers, qui alors seraient devenus plus accommodants qu'ils ne le seront autrement.

Pour obvier à ces dangers, qui, dans la position actuelle, créent aux trois quarts tout le mal, nous pensons que l'État devrait donner un appui, et il peut encore le faire, à chacun de ces établissements.

Il leur offrirait soit en espèces, ce qui vaudrait mieux, soit en bons du Trésor, que la Banque prendrait, une certaine somme proportionnelle, par exemple, au chiffre du capital social réalisé dans chaque établissement , — cette somme à **3** ou **4** % d'intérêt au plus, — à restituer par termes, en accordant le plus de temps possible. Par contre, on imposerait la condition d'augmenter le chiffre du papier négocié dans telles proportions ; et l'État, comme avec le nouveau comptoir national d'escompte, entrerait pour une certaine proportion dans la perte qui serait faite sur les effets négociés, entre la remise et la rentrée des fonds avancés. 30 millions, ainsi répartis, courraient beaucoup moins de chances qu'avec le nouveau comptoir d'escompte, et rendraient bien autrement de services, car ils ranimeraient la confiance des capitaux, et permettraient de soutenir la clientèle de tous ces établissements

Nous le répétons, ce n'est pas en escomptant le papier du petit commerce par des moyens exceptionnels qu'on lui rendra réellement service, c'est en soutenant le moyen et le gros commerce qui font vivre le petit commerce. Quand les acheteurs font défaut, quand les débouchés manquent, à quoi bon fabriquer ?

Pour nous , donc , nous croyons que le meilleur moyen d'aider le commerce, c'est de rétablir la circulation dans toutes les parties du corps commercial. Le commerce, privé du signe monétaire, est comme un homme mourant d'inanition : donnez à cet homme quelque nourriture, et les forces lui reviendront ; il sera bientôt sur pied. Rendez au commerce le signe monétaire en lui faisant prendre toutes les voies accoutumées, les banquiers, le gros commerce, le moyen et le petit commerce, et les maisons se soutiendront, se relèveront, la confiance renaîtra, le crédit se rétablira, et la crise sera considérablement atténuée.

C'est sur le gros et moyen commerce que doit porter toute l'attention du Gouvernement provisoire ; et cela est tellement évident qne cette partie du commerce s'agite, n'est pas satisfaite de l'établissement d'un nouveau comptoir d'escompte, qui ne la concerne pas, ne peut pas la concerner, qui pour elle aggrave le mal, plutôt qu'il ne l'atténue, ainsi qne nous l'avons expliqué.

Ce n'est pas à dire que le nouveau comptoir d'escompte ne rendra pas quelques services ; naturellement, il en rendra toujours ; mais ce ne sont pas les services qu'il devrait rendre ; et de plus l'argent qu'il prendra aurait été beaucoup mieux placé dans les comptoirs d'escompte déjà existants, d'où il aurait rendu des services à la fois plus réels, plus circonspects et plus étendus.

Nous engageons donc le commerce à réclamer sur ce point des comptoirs existants toute l'attention du Gouvernement provisoire.

Nous engageons aussi le commerce à se bien garder de demander en quoi que ce soit l'établissement de nouvelles institutions de crédit. C'est un mauvais moment pour de telles créations que les époques de crise et de révolution. Nul peut-être ne sait plus que nous combien il y a encore à faire à Paris, en France, quant aux institutions de banque et de crédit. Mais, quand on a de la peine à se tenir debout, ce n'est guère le moment de perdre ses efforts, de détourner ses capitaux en essais plus ou moins utiles.

La prudence commande pour le moment de se rattacher à ce qui existe, et c'est pour cela, puisqu'il y a déjà des comptoirs d'escompte, que nous demandons qu'on vienne, sinon les secourir, du moins leur donner de nouveaux moyens de venir au secours du commerce. Trente millions ainsi placés, surtout si la Banque de France veut bien s'y prêter, ce qui du reste est dans son intérêt, vaudront mieux que toutes les autres combinaisons qu'on pourra imaginer.

Quant à la Banque de France, le cours actuel de ses

actions nous permettrait aujourd'hui de faire sur son orga-
nisation , sur sa manière de travailler , certaines réflexions
qui auraient aussi leur gravité. Nous ne serions plus arrêté ,
comme nous le fûmes l'an dernier, par la crainte de nuire à ses
actionnaires, en leur dévoilant les dangers auxquels les expo-
sait la marche trop aventureuse de leur établissement. Le moment où ils subissent une aussi dure leçon serait màl choisi pour
leur faire de la morale. Nous nous bornerons à engager la Banque de France à profiter de la crise actuelle pour changer sa
manière d'être. Et nous ajouterons, dans son propre intérêt,
que nos nouvelles institutions lui font un devoir, une nécessité
d'aller au-devant des besoins du commerce, au lieu de se renfermer dans sa tente, si elle veut se faire pardonner la posses-
sion de son puissant monopole.

Nous allons maintenant dire notre avis sur une autre question à l'ordre du jour, et qui nous paraît attendre encore une
solution, malgré les paroles de M. Pagnerre à la députation des
commerçants ; savoir, la prorogation des effets de commerce
demandée maintes fois, encore réclamée à l'heure où nous écri-
vons, dans un des journaux les plus répandus.

Dans des circonstances comme celles où nous sommes, la
prorogation des effets de commerce est une mesure qui se justi-
fie en principe, puisqu'elle n'est que la conséquence forcée d'une
situation anormale qu'il n'était donné à personne de prévoir ;
mais elle offre dans la pratique, à certains égards, de grands
inconvénients. Et c'est pour ne pas avoir su faire les distinctions nécessitées par des positions essentiellement différentes ,
que le doute existe encore sur la convenance de cette mesure.
Nous allons établir ces distinctions.

Dans la pratique, à côté du commerce, à côté de la vie in-
dustrielle, il y a la vie privée, la vie de la main-d'œuvre, toutes
trois à certain point inséparables. Si un commerçant ne touche
pas à l'échéance l'argent d'un effet de commerce qu'il a en main,
comment fera-t-il soit pour vivre, soit pour payer ses ouvriers ?
Reculer l'échéance de cet effet, c'est nécessairement attaquer
l'existence privée de ce commerçant, arrêter ses moyens de reproduction : cela est évident. Il en serait autrement si, au lieu

d'être dans les mains d'un commerçant ou d'un simple particulier, qui ne peuvent attendre, ce même effet se trouvait entre les mains d'un établissement qui n'eût besoin de cette rentrée ni pour des affaires individuelles, ni pour la reproduction de marchandises. Cet établissement pourrait attendre ; et, par suite, on pourrait accorder la prorogation du paiement au souscripteur, sauf, bien entendu, les précautions à prendre pour empêcher les abus d'une telle mesure.

Pour que cette prorogation eût des résultats utiles, sans inconvénients autres que ceux naissant de la crise actuelle, il faudrait donc renfermer cette prorogation dans un cadre où elle ne toucherait à aucun intérêt privé ou de commerce ; il faudrait que cette faveur ne fût accordée qu'à ceux des effets qui se trouveraient placés en des mains pour ainsi dire neutres. On comprend de suite qu'une pareille mesure ne peut être que partielle. On comprend aussi que cette mesure n'est possible qu'à l'égard d'un seul établissement, la Banque de France. En effet, par l'élasticité de ses ressources, par sa position indépendante, la Banque pourrait seule sans danger, sans inconvénient, retarder le recouvrement des valeurs qu'elle a en main. Elle en serait quitte pour émettre quelques billets au porteur de plus, pour négocier quelques millions de moins. Or, comme les négociations à la Banque ont toujours pour but le paiement des effets de commerce, pour elle, à part l'intérêt, ne pas négocier et ne pas recouvrer, c'est la même chose que recouvrer et négocier. La prorogation ainsi comprise serait de fait, sous une autre forme, un renouvellement général de tous les effets, qui resteraient absolument dans les mêmes conditions.

Cette prorogation aurait pour le commerce tous les avantages d'un renouvellement, sans en avoir les ennuis, les inquiétudes, les dangers, les effets pris par la Banque étant généralement toutes bonnes valeurs. Il y aurait quelques exceptions, comme toujours ; des maisons qui auraient pu payer de suite, pourraient devenir mauvaises avant le terme de la prorogation. Cette chance est inévitable avec toute mesure de ce genre. Mais aussi et par contre, beaucoup de commerçants qui manqueraient sans cette mesure, auraient le temps de soutenir leurs affaires,

de se relever. Or, dans une crise aussi imprévue, c'est là et de
de beaucoup le plus grand nombre, et les plus intéressants. Les
avantages d'une pareille mesure, ainsi limitée à la Banque de
de France, seraient immenses Le commerce, tranquillisé pendant plusieurs mois pour le payement d'une somme énorme,
délivré de toutes les inquiétudes, de toutes les usures auxquelles
donneront lieu des renouvellements que, dans la circonstance
actuelle, il sera impossible d'éviter, le commerce aurait tout le
temps de se retourner ; il n'aurait pas à mendier chez les banquiers, il n'aurait pas d'attermoiements à demander, il n'aurait
pas à vendre à tout prix pour faire face à ses payements, etc.
A notre avis, cette mesure aurait pour résultat, qu'on nous
permette cette expression, de sauter à pieds joints par-dessus
la crise actuelle, et les inconvénients seraient ceux que de toute
manière on n'évitera pas, si l'on fait les recouvrements au mi-
lieu de cette même crise. Ce que demande le commerce, pris
au dépourvu par une révolution inattendue, c'est d'obtenir le
temps que les premières craintes de cette révolution s'apaisent,
que les affaires sociales et politiques rentrent dans l'état nor-
mal ordinaire. Il lui faut pour cela deux ou trois mois.

La prorogation des effets de commerce est donc chose juste
en principe, et dans la pratique chose très-possible dans une
certaine limite et sans grands inconvénients.

Voici comment nous entendrions cette mesure :

Tous les effets, *sans exception*, aux mains de la Banque de
France, seraient prorogés de deux ou trois mois, jour pour jour ;
— à l'échéance, il serait ajouté au capital l'intérêt à raison de
6 % l'an ; la moitié de cet intérêt pour la Banque ; l'autre moitié servirait d'abord à rembourser les pertes que la Banque aurait pu faire, par suite de cette prorogation, et s'il restait quelque chose, l'excédant serait distribué à ceux des commerçants
porteurs d'effets dont les souscripteurs seraient tombés en fail-
lite pendant la prorogation de l'échéance. — La Banque pré-
viendrait, dans les trois jours, tous les payeurs aux effets qu'elle
aurait entre les mains.

On comprend aisément le motif de ces derniers détails.

Quant à l'intérêt alloué à la Banque de France, nous le réduisons de 4 % à 3 % pour le cas actuel, moins parce qu'elle pourrait bien aussi, de son côté, faire un sacrifice, qu'à cause de la compensation réelle qu'elle trouvera naturellement dans l'accroissement et la solidité des affaires commerciales, si l'on évite, si l'on tourne la crise actuelle.

Nous voudrions aussi que toutes les valeurs fussent prorogées sans exception aucune. La mesure doit être générale. Toute dans l'intérêt du commerce et du pays, il ne faut pas que les mieux placés se fassent un mérite de payer au détriment du crédit des autres, trop heureux de retarder leur paiement; il faut aussi, et autant qu'il est possible, que les bons paient leur part d'intérêt pour les mauvais, s'il y en a. Si la loi l'avait permis, nous aurions proposé un intérêt plus élevé. On arriverait bien au même résultat si la Banque renonçait à la part d'intérêt lui revenant; mais ce n'est pas chose à lui demander.

Si la prorogation des effets de commerce est possible, ce n'est que de cette manière et à des conditions de ce genre.

Le défaut de cette mesure serait de ne pouvoir profiter à tout le monde; mais cela est dans la nature même des choses. Le commerçant dont le billet ou l'acceptation est entre les mains d'un autre commerçant doit payer, parce que, les besoins de tous deux étant égaux, on ne peut pas favoriser l'un aux dépens de l'autre. Il en est autrement avec la Banque de France. On ne lui fait aucun tort, tout en favorisant les commerçants dont elle a le papier entre ses mains. Il n'y a pas de faveur; c'est le hasard, le sort qui a décidé; rien d'arbitraire.

Quant aux inconvénients de cette mesure, ils seraient mille fois compensés par l'avantage immense de faire traverser à la plus grande partie du commerce les quelques mois de cette crise sans ennuis, sans inquiétudes, sans sacrifices. Un tel état de choses consoliderait bien vite toutes les opérations, et, de proche en proche, aurait bientôt rétabli le crédit.

Ainsi comprise, nous n'hésitons pas, pour notre part, à conseiller l'adoption de cette prorogation des effets de commerce. Le Gouvernement provisoire semble s'effrayer de cette mesure; il a tort. Seulement il faut l'adopter dans la seule limite des choses possibles. Aux grands maux les grands remèdes. Une révolution qui bouleverse tout l'édifice politique, qui modifie profondément tout le droit international en Europe, a surpris le commerce, les esprits comme un coup de foudre. Abandonner au contre-coup de cette révolution imprévue les rapports commerciaux contractés sous un autre ordre de choses et d'idées, c'est vouloir sa ruine ; et la ruine du commerce, qu'on y songe bien, c'est la ruine de l'ouvrier, la ruine des finances, la ruine du crédit de l'État.

Dans des circonstances, certes, moins imprévues et même moins critiques, le gouvernement anglais n'a pas hésité à prendre une mesure bien autrement importante, car il était impossible d'en calculer les conséquences et la durée. Il a suspendu le paiement en espèces des billets de la Banque d'Angleterre. Cette mesure, qui a duré vingt-cinq ans, a, dans le temps, sauvé l'Angleterre d'une ruine commerciale, d'une ruine financière, et très-probablement d'une ruine politique.

La mesure que nous proposons a beaucoup d'analogie, mais en sens inverse, avec celle prise par le gouvernement anglais, car au lieu de ne pas payer comme là-bas, il s'agirait ici de ne pas recevoir. Seulement, notre mesure, quoique motivée par des circonstances beaucoup plus graves, aurait nécessairement une durée très-limitée ; et de plus, les inconvénients, s'il y en a, se renfermeraient entre la Banque et les souscripteurs ou endosseurs des effets. Cette mesure ne toucherait en rien à aucun des autres rapports de la société, encore moins aux rapports internationaux, comme il a dû arriver en Angleterre avec la substitution du papier au numéraire. Tout se bornerait à proroger de deux ou trois mois l'échéance des effets, qui, plus tard, la crise passée, seront payés beaucoup plus aisément qu'ils ne peuvent l'être aujourd'hui. Le commerce demande qu'on lui permette de sauter à pieds joints par-dessus la crise actuelle, comme si elle n'avait pas lieu, pour se retrouver dans deux ou trois mois dans des conditions plus en rapport avec la position sous laquelle il a traité, contracté des engagements. Le Gouvernement provisoire voit pour quelques-uns des inconvénients à cette prorogation ; nous voyons, nous, l'avantage d'éviter pour tous les dangers d'une crise qui peut devenir épouvantable, combinée comme elle le serait, avec les questions sociales, politiques, internationales, soulevées en tous lieux par la dernière révolution Peut-on un seul instant mettre ces deux considérations en balance !!...

En résumé, ce que nous proposons, ce que nous demandons :

C'est que la Banque de France fasse *un peu plus* pour le commerce ;

C'est que le Gouvernement provisoire offre aux comptoirs d'escompte déjà établis les moyens de venir plus en aide au commerce ;

C'est que par la prorogation des effets aux mains de la Banque de France, le commerce puisse traverser la crise actuelle sans inquiétude, sans sacrifices ruineux.

Le temps et le calme des esprits feront plus tard le reste.

IMPRIMERIE CENTRALE DES CHEMINS DE FER DE NAPOLÉON CHAIX ET Cie
Rue Bergère, 8, près le boulevart Montmartre.